El arte de perder
The Art of Losing

Manuel Adrián López

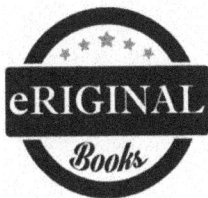

eRIGINAL
Books

Publicado por Eriginal Books LLC
Published by Eriginal Books LLC
Miami, Florida
www.eriginalbooks.com
www.eriginalbooks.net

Printed in the United States

ISBN- 978-1-61370-046-4

Email del autor / Author email: zumanny@aol.com

Manual de pérdidas / Manuel de pérdidas

Cuando uno se encuentra con un poemario tan íntimo como este se hace casi imposible separar la voz de la identidad; más aún cuando se conoce tan de cerca la existencia del autor resulta un privilegio atreverse a esta conexión indeleble del poema con la persona que lo inventa. Las agudas voces de este libro absorben al creador, y es que no puede ser de otra manera cuando se escribe desde la experiencia, cuando se va haciendo una construcción poética de la vida misma y como resultado se obtiene un texto que ha hecho de su imperio la memoria, lo cual es evidencia que Manuel A. López escribe eso que observa y lo observa; eso que habita y lo habita. Aquí, en su más pura forma se da el fenómeno vivencial traído al lenguaje, extraído de aquel sombrero de hechicero que guarda a la metáfora.

Ya desde el inicio, al escoger como título el primer verso de uno de los más aclamados poemas de Bishop: "One art"; ya desde esta selección se adelanta un presagio, se espera entonces lo que viene, la decantación lírica de las pérdidas espirituales y mundanas; seres y cosas que se marchan, se borran, desaparecen. La partida, la mudanza, el abandono como una ruta necesaria de expiación y de exorcismo. Así lo declara el texto que abre la muestra: *"Se pierde un poco de todo / es tiempo de tirar a la basura / los excesos que vas guardando / por necia costumbre / por si acaso sean necesarios algún día..."*

Mas lo que se marcha no se va fácil, quisiera el hablante que se escurriera como el agua, pero no se despide sin dar portazos en la cara, no emigra sin espasmos, sin invocaciones al fuego destructor, porque son solo los incendios de la memoria los únicos que pueden llevarse lo que fue, lo que ha sido, -si acaso pueden-: *"Imagino que una gigante hoguera / arde con buena parte de mi pasado..."*.

La muerte es otra pérdida, su presencia constante, sombra de huesos atada al cuerpo que late, que recuerda en repeticiones, en golpes de péndulos, aquello que es gozo y puede malograrse en cualquier momento, aquello que se registra agotable en la incesante finitud del mundo: *"...voces de extraños / que hacen coro / detrás de mi cabeza / sin sombrero / sin protección alguna. / Logro silenciarlos / con un verso de algún poeta / que todavía no ha visto su nombre / en el cartel lumínico / del cementerio".*

La costumbre también es una pérdida, cuando la rutina se traga los asombros en bocanadas; cuando todo parece vestirse de los mismos tonos ante la consecuencia de los mismos días; en los oficios anti-poéticos pero imprescindibles a la sobrevivencia, en estos atavismos necesarios se extravía no solo el ser también el poeta: *"...palabras tan usadas como yo estoy. / Tan usado / como los bancos de las paradas / donde ya nadie hace un alto / y los ómnibus siguen cargados / de cuerpos sin rostros..."*.

En el poema: *"Me desprendí de la foto de una cantante"*, la voz de la pérdida alcanza su clímax de mudanza; se deletrea la huida de sus pertenencias y como las cosas que se van llevan siempre una porción humana de su antiguo dueño. Pese a la sequedad de los desprendimientos el artefacto usado conserva todavía una enigmática esencia que se transfiere al nuevo poseedor, y esto convierte a su antiguo propietario en parte de los otros y por tal acaecimiento se existe desde un objeto que guarda una historia personal, que acaso rozó el cuerpo o que estuvo sostenido por la mano: *"...Se fue la muñeca de porcelana italiana / que robé hace años a un desconocido. / Varias pinturas han tomado camino / no sabría decirles quienes son sus nuevos dueños. /...Todos quieren tener un pedazo / del*

7

poeta marchito / que escapa a la ciudad de los rascacielos...''

Hay instancias en este compendio en que el autor trata de negarse a su oficio de revelaciones íntimas; se separa el hablante del escribiente, no es el vate, no es su vida; es otro, es tan solo un personaje que se inventa... ¿o es él mismo, ese que allí habita?: *''Un espíritu se apodera de mi mente / dicta versos / obligándome a llenar páginas vacías...''*. Y sin embargo se devuelve a su trajín de testificaciones personales donde todo continúa yéndose, en una espiral interminable, hasta lo inamovible se marcha, no hay otra verdad más certera: *''Emigraron todas las plantas / sufridoras marchitas / por mis inexpertas manos de jardinero. / Tomaron rumbo / hacia la casa de una actriz / con dedos de clorofila / dueña de un paraíso suspendido / de hortensias y orquídeas...''*.

El emisor, al descubrir los detrimentos y trastornos provocados por la pérdida también descubre sus beneficios y ventajas, cuando encuentra en la separación de las cosas varias respuestas urgentes y verdades imprescindibles que permiten una limpia de espantos, la botada del exceso, la venta de garaje de aquellos aparaticos visibles e invisibles que el alma ya no necesita; no obstante esta cura nunca logrará librarlo de su *fatum* de palabras, camino que no se escoge, que lo escoge a uno para siempre: *"Me desprendo de lo almacenado / pero no logro deshacerme / de la sombra de un poeta / que me acecha..."*.

He aquí, este intenso manual de pérdidas que Manuel López nos entrega sin vacilaciones, sin reparos, sin veladuras; desde una poética confesional y transparente, y aunque se advierta paradójico también muy discreta, que ofrece al lector con admirable franqueza la oportunidad de experimentar una alegoría feroz de la existencia.

Ana Cecilia Blum
Editora de *Metaforología Gaceta Literaria*
(Cuando en Colorado, en el otoño del 2016)

...so many things seemed filled with the intent to be lost that their loss is no disaster.

Elizabeth Bishop

Se pierde un poco de todo
es tiempo de tirar a la basura
los excesos que vas guardando
por necia costumbre
por si acaso sean necesarios algún día.
Se pierden los nervios
las herramientas para un libro
postales y cartas en el viento
desechos de un primer novio.
Fotos que recuerdas
exactamente quien las tomó.
Encuentras un rostro desnudo
escondido entre páginas
y buscas respuestas
que nadie te puede ofrecer.
Se pierde el respiro cuando lees a
Elizabeth Bishop
y entiendes que has alcanzado
el arte de perder.

You lose a bit of everything
it's time to throw away
the excesses that you hang on to foolishly
in case they're needed someday.
You lose your nerve
the tools for a book
postcards and letters in the wind
leftovers from a first boyfriend.
Photographs that remind you
exactly who took them.
You find a nude picture
hidden within the pages
and you set out to seek answers
that nobody can provide.
You lose your breath
when you read Elizabeth Bishop
then understand
that you have finally mastered
the art of losing.

Sorprende el novedoso silencio
no suena el timbre
inquisidor de otros tiempos.
No aparecen
las ficticias sonrisas
que espantaban a la gata
provocaciones
y brotes dudosos.
Han dejado de colgar fotos
en pizarras mundanas
que reencarnarán
en desoladas tumbas.
Las paredes están carentes
de imágenes
excepto manchas amarillentas
y clavos oxidados
que alguna vez
exhibieron su esplendor.
Existe un cementerio en el traspatio
de recipientes vacíos
privados de su valiosa agua bendita
souvenirs
de antiguas batallas.
Cada cierto tiempo recuerdo:
un nombre
un episodio
un malestar.
Los revuelvo como si fueran guisos
y lento
los dejo quemar.

The novel silence surprises
the bell
inquisitor from times past
has stopped ringing.
Imaginary smiles
that would frighten the cat
are missing
along with provocations
and dubious rashes.
They have stopped posting photos
on everyday boards
which will eventually reincarnate at
desolate tombstones.
The walls are bare
except for yellowish stains
and rusty nails
that once exhibited their splendor.
There's a cemetery in the backyard
of empty jars of treasured holy water
souvenirs of ancient battles.
From time to time I recall:
a name
an episode
a discomfort.
I stir them
like stews
and slowly
let them burn.

Ahora mismo solo puedo ver las pérdidas
recordar su destino
cada vez que se van en sobres amarillos
o cuando vienen desconocidos a la puerta
a recoger trofeos a mitad de precio.
Enfocado en sudorosos billetes
amnésico
de lo que han vivido a mi lado.
Imagino que una gigante hoguera
arde con buena parte de mi pasado.

Right now I can only see the losses
remember their destiny
every time they take off
packed inside yellow envelopes
or when strangers knock at the door
to pick up trophies at half price.
Focused on sweaty dollar bills
amnesiac of the time they've spent
with me.
I visualize a giant bonfire
that burns
with a good part of my past.

Escribo en la oscuridad
sin los malditos espejuelos.
Intercalando palabras
hurgando en la memoria
como obras de arte
en el muro de mis lamentos.
Invade el cosquilleo
una culebra se desliza
por el interior de mis piernas
¿será que me están quemando?
en papeles donde mi nombre
se repite
se repite
se repite
para luego tacharlo.
Sobrevivo
no porque sea más fuerte
no porque tenga desbordados
los bolsillos de razón.
No soy héroe
ni tan siquiera soy patriota.
Si fuera capaz
de adelantar el almanaque
cambiar mi nombre
quedarme sin ninguno
estaría más cerca del nirvana.

I write in the dark
without these damn glasses
inserting words
rummaging through my memory
like art pieces
on my wailing wall.
A tickling sensation invades
a snake slithers up
between my legs.
Could it be that I am being burned?
in papers where my name
repeats itself
over and over
crossing it out afterwards.
I survive
not because I am stronger
not because my pockets are
full of reason.
I am not a hero
I am not even a patriot.
If I could
advance the calendar
change my name
or remain without one
I would be much closer
to Nirvana.

Algarabía
voces de extraños
que hacen coro
detrás de mi cabeza
sin sombrero
sin protección alguna.
Logro silenciarlos
con un verso de algún poeta
que todavía no ha visto
su nombre
en el cartel lumínico
del cementerio.

Uproar

strangers' voices
make up a chorus
right behind my
hatless unprotected head.
I am able to silence them
with a verse that belongs
to a poet
who hasn´t seen
his name yet
in the cemetery's neon sign.

Tengo ochenta íntimas amigas
danzarinas
adictas al resplandor de lentes
fugaces
como mariposas.

Imito a Terenci
me refugio en diarios
de actrices de los cincuenta
enclaustrado vivo
pero sin mordiscos
de falsas aduladoras.

I have eighty close girl friends
all dancers
addicted to flashbulbs
fleeting
like butterflies.

I imitate Terenci
by finding refuge
in actresses' diaries
from the fifties.
I live
shut away
but unbitten
by deceitful flatterers.

Vivo recordando episodios
se amontonan con
el polvo rutinario del escritorio
el amargo del café de las tres de la tarde
y el maldito teléfono
que ya no timbra.

I live remembering episodes
that pile up with
my desk´s routine dust
the bitterness in my three o´clock coffee
and the damned telephone
that no longer rings.

Usado

tan usado como los calzoncillos
que han perdido el elástico
y que bailan desplazándose
por debajo de mis nalgas
también faltas de volumen.
Usado como el sofá rosa
en su seno encontraron guía
para convertirse en poetas "del momento"
pedir consejos
y palabras
tan usadas como yo estoy.
Tan usado
como los bancos de las paradas
donde ya nadie hace un alto
y los ómnibus siguen cargados
de cuerpos sin rostros.

Used
like my underwear
that has lost its elastic band
and now dances about
beyond my buttocks
also devoid of volume.
Used as the pink sofa
in its warmth
they found guidance
to transform themselves into today´s poets
asking for advice
and words
as used as I am
and used as I feel.
As used
as the benches in the bus stop
where nobody stops
and the buses are filled
with faceless bodies.

He sido juez

Se han oído mis carcajadas
al reconocer los remitentes.
Sus egos los han obligado
a dejar sus disfraces
de críticos anónimos
para caer en mis manos
de escritor pésimo.
He leído libro tras libro.
He ido tachando finalistas
para tomar una decisión
justa
y no convertirme en
verdugo.

I have played judge
My laughter has been heard
upon recognizing the senders.
Their egos have made them
step aside
from their anonymous critics ´disguises
and fall into my awful writer´s hands.
I have read book upon book
crossed out finalists
in order to make a fair decision
and not turn into
an executioner.

Todo es un "última hora"
en estos tiempos:
performances en la tribuna
novelistas que no pagan sus cuentas
después de un suculento almuerzo
muertos y más muertos
algunos respiran
y no se pierden un concierto.
La que fue sede de combatientes
ahora vende rompe saraguey
y otras pociones para encontrar tu hombre.
En cualquier momento anuncian
otro premio
y sale el político que escribe
a recibirlo.
Ha llegado una poetisa
destinada a quedarse por amor.
Vivimos en un tiempo en que todo se anuncia
nada es secreto
excepto el muerto oscuro que habita
en el altar de un poeta.

Everything nowadays is "Breaking News"
performances at the podium
writers who refuse to pay the check
after a hearty lunch.
Dead and plenty more dead
yet some breathe
and never miss a concert.
The fighter's headquarters
now sells "rompe saraguey"
and other potions to find your dream man.
In a bit
a new award will be announced
and the politician who writes
will step out to receive it.
A new poet has arrived
and she is destined to stay
in the name of love.
We live in a time where everything gets
announced.
Nothing is secret
except
the dark spirit that inhabits
a poet's altar.

Son doscientas cajas
camino al destierro.
Las paredes son un desierto
de color verde cactus.
Se acerca el instante
de cerrar la puerta
marcada con los intentos
de fuga de la gata.
He priorizado la libertad
versus
al inventario envidiado
de una vida entera.

There are about two hundred boxes
heading into exile.
The walls are a cactus green desert.
It's time to close the door
marked with the cat's escape attempts.
I have prioritized freedom
over
an entire life's coveted inventory.

Superamos el primer aniversario
sin *champagne*
sin sidra barata
sin la mirada inquisitoria
de un quijote
a punto del suicidio.

We reached our first anniversary
without champagne
without cheap cider
without the inquisitive stare
of a suicidal Quixote.

Voy desechando pedazos
en mi intento por subsistir
sin grilletes.
Dosis gigantescas
de agua bendita
consumo.
Y son cientos los dioses
en altares
a los que rezo.

I get by
getting rid of pieces
in my effort to survive
without shackles.
I consume
huge doses of holy water
and pray
at the altars of hundreds of gods.

Fui volcán
adormecía mientras
de mis cenizas suculentas
se nutrían hambrientos
que no cantaban
ni pintaban obras maestras
y tampoco escribían versos.
Fue difícil vivir en silencio
sabiendo que en la profundidad
habitaban demasiadas historias
necesitando ser contadas.
Se amontonaban
rostros de hombres intrépidos
que insistieron en conquistarme.
Algunos no regresaron
después del primer intento.
Ahora soy tsunami
y arrastro a cuanto
se detenga en mi paso
sin misericordia.

I was a dormant volcano
that slumbered while many who could not sing
nor paint masterpieces
or write poetry
fed themselves from my juicy ashes.
It was difficult to live in silence
knowing that in the depth
too many stories waited
needing to be told.
Faces of daring men
would pile up
insisting on winning me over.
Some never returned after the first try.
Now I am a tsunami
and drag whatever lies
in my way... mercilessly.

Me desprendí de la foto de una cantante
que golpeaba con sus tacones afilados
al pianista de turno.
Se fue la muñeca de porcelana italiana
que robé hace años a un desconocido.
Varias pinturas han tomado camino
no sabría decirles
quienes son sus nuevos dueños.
El sofá rosa que puede contar
más de una historia
quiso irse con una actriz
pero terminó en las manos sucias
de un negociante.
Todos quieren tener un pedazo
del poeta marchito
que escapa a la ciudad de los rascacielos.

I got rid of a photo of a singer
who would strike the pianist on duty
with her spiky heels.
The Italian porcelain doll
that I stole from a stranger years ago
went away.
Many paintings have gone on the road
I couldn´t say
who their new owners are.
The pink sofa which could tell
more than one story
wanted to go with an actress
but ended up
in a business man´s dirty hands.
Everybody wants a piece
of the withered poet
who has escaped to the city of skyscrapers.

Tantos elogios
escritos sobre arena movediza.
Esfuerzos
declaraciones
falsos quereres
y uno debe mantenerse
estoico.

So many compliments
written on quicksand.
Sacrifices
statements
fake loves.
One must simply remain
stoic.

El brazo derecho huele a zanja
destila un sudor rancio
que su vecino
el izquierdo no tiene.
Cuando lo alzo
como pájaro herido
desprende olor a monte
a escondite
a prófugo que lo persiguen
perros policías.
Después del baño
se apaciguan los olores
y cada quien vuelve
a su selva.

The right arm smells like a ditch
it drips stale sweat
which its neighbor
the left
does not possess.
When I lift it
like a wounded bird
it reeks of
a forest
a hiding place
a fugitive being chased
by police dogs.
After a bath
all odors are appeased.
Everyone returns
to its jungle.

No me conocen

No saben si he leído *Madame Bovary*
o si he usado sus páginas
para limpiarme el culo
después de haber defecado
los restos de una suculenta cena
preparada por mi marido
quien habla dos idiomas
además del cubano.
No saben cuántos libros
habitan en mi interior
inquietudes
de un hombre híbrido.
No se han tomado el tiempo
de hacerme preguntas
inteligentes
para tener idea de lo que me motiva
lo que pienso de ellos
inquisidores de pueblo chico
e infierno eterno.

They don't know me
They have no idea if I have read
Madame Bovary
or if I have used its pages to
wipe my butt
after defecating
the remnants of a succulent dinner
prepared by my husband
who speaks two other languages
besides "Cuban".
They have no idea how many books
reside within me
curiosities of a hybrid man.
They have never taken the time
to ask intelligent questions
to know what really motivates me
to hear what I think of them:
small- town inquisitors
of everlasting hell.

Vamos en busca de una luz
no sabemos de sus veranos
o despiadados inviernos
ni de qué tipo de vecinos nos tocarán.
No tenemos idea
si podremos transitar sus calles
y lograr reconocernos en las vidrieras
de tiendas chinas
bajo el constante asalto de la bachata.

We are going in search of a light
not knowing enough about its summers
or merciless winters
or what kind of neighbors will we have.
We have no idea
if we could wander the streets
and recognize ourselves
in the Chinese stores' windows
under the constant attack of *bachata.*

Un espíritu se apodera de mi mente
obligándome a llenar páginas vacías.
No estaba dispuesto a más confesiones
la cosecha había sido recogida.
Un viento de invierno pre-fabricado
usurpó mis manos
convirtiendo angustias
en versos.

A spirit takes control of my mind
forcing me to fill empty pages.
I wasn't ready for more confessions.
The crop had been picked.
A pre-fabricated winter wind
usurped my hands
turning anxieties
into poems.

Asocio el blanco de la nieve
con el recuerdo de aquella isla
y de la abuela
abriendo el congelador
del *General Electric Modelo 1958*
clavando el cuchillo en su interior
para luego desangrar
gruesos bloques de hielo
que se desvanecían en ríos
frente a sus pies.

I associate the whiteness of snow
with a memory from the island:
Grandmother opening the refrigerator
a General Electric 1958 Model
and stabbing the knife deep inside
watching it bleed
huge blocks of ice
that would turn into rivers
at her feet.

Emigraron todas las plantas
sufridoras marchitas
por mis inexpertas manos de jardinero.
Tomaron rumbo
hacia la casa de una actriz
con dedos de clorofila
dueña de un paraíso suspendido
de hortensias y orquídeas.
Sé que le esperan mejores tiempos
(eso me tranquiliza)
aunque extrañe el olor del jazmín
que empezaba a tapiar
la mirada desafiante
de la malvada vecina.

All the plants have emigrated

withered sufferers
at the mercy of my inexperienced
gardener's hands.
They are headed towards
the home of an actress
with a green thumb
owner of a suspended paradise
of hydrangeas and orchids.
I am sure better times await them.
That calms me
even though I will miss the odor of jasmine
which had begun to build a wall
covering my wicked neighbor's
disapproving stares.

No soporto la mirada de la gata
cada vez que una silla se escabulle
Corre nerviosa por todos los cuartos
maullando una sinfonía inusual.
Se fue primero el sofá carmelita
cama preferida de sus tardes.
Dos sillas antiguas desaparecieron
en cuestión de un pestañeo
y su tristeza
nos cubrió de pies a cabeza.
Solo quedaba el sofá rosa
el mismo donde ella y yo
nos acurrucábamos
y hoy se ha marchado.
Ha estado de guardia en la puerta
esperando a que alguien más
venga y se lleve la única cama
que nos queda
la que ahora compartimos los tres
con su colchón ruidoso
y sábanas color amapola.

I can't stand the cat's stare
every time another chair leaves.
She runs nervously about the house
meowing an unusual symphony.
The first to go was the brown sofa
her favorite bed in the afternoons.
Two antique chairs have disappeared
in a blink of an eye
and her sadness
covered us from head to toe.
All that remained was the pink sofa
where she and I would cuddle
and that left today.
She is standing guard by the door
waiting for another stranger
to come and take the only bed left
the one we three now share
with its noisy mattress
and poppy colored sheets.

Vuelan auras tiñosas por encima de nuestras cabezas
han dejado de ser carnívoras
ahora comen pedruscos que prohíben la entrada
a hombrecillos malditos.
Debemos escondernos
debajo del colchón lleno de picotazos
por pájaros menos crueles
pero igual de violentos
con los que nos distanciamos de la manada.

Mangy vultures fly overhead
they are no longer carnivorous
they now also eat stones
that forbid the entrance of evil men.
We must hide under the mattress
covered in pecks by less cruel birds
but just as violent
to those that distance ourselves from the herd.

La incertidumbre de lo que viene
no me asusta.
Camino sin prisa por calles desconocidas
arrastrando una bufanda gris
que alguien me regaló
cuando no tenían idea del invierno
que me aguardaba.
Voy de camino al cementerio de la Trinidad
tomo nota de los nombres famosos
en ancestrales tumbas
pido permiso a sus muertos
para vivir entre ellos
para pisar sus tierras por cualquier razón:
tomar un café
comprar frutas orgánicas
en el mercadillo del sábado
 e ir de las manos con mi guerrero
protegiéndolo del frío.
No hay dudas en mi interior
debo reencontrarme con esta isleta
y hacer comunión con sus nativos.

The forthcoming uncertainty
doesn't scare me.
I walk slowly through unknown streets
dragging a gray scarf
that someone gave me as a gift
when they had no clue of the winters
in store for me.
I am on my way to Trinity Cemetery
taking notes of the famous names
on ancient tombs
asking permission of the dead
to live among them
to tread on their land for whatever reason:
to drink a cup of coffee
buy organic fruits at Saturday's market
hold hands with my warrior
protecting him from the cold.
There are no doubts within me
I must be reunited with this island
and make communion with the natives.

Debo aprender a eliminar el ruido
asumir esa parte del programa
cada vez que mi nombre desfila
vestido de resplandor.
No soy el *Sunset Strip*
o los carteles lumínicos de *Kowloon*
ni los fuegos artificiales de julio.
Si supieran que venero la penumbra
a lo *Blanche Dubois.*
Voy detrás de mi querer
apagando escandalosas luces
para no ahuyentar
las pocas virtudes que me quedan.
Lo ideal sería pedirle prestado el bosque
a una poeta reclusa
y entablar conversaciones
con osos y ardillas.

I must learn to get rid of the noise
assume that part of the program
every time my name walks down the aisle
dressed in brightness .
I am not the Sunset Strip
or the neon signs in Kowloon
nor am I July's fireworks.
If they only knew I prefer to be in the dark
like Blanche Dubois.
I follow my lover
turning off scandalous lights
so as not to frighten off
the few virtues left in me.
The ideal situation would be to
ask a reclusive poet
to borrow her forest
and make conversation with
bears and squirrels.

Si te cortas un dedo cada tres meses
llegará el momento que la mano
se te hará innecesaria
y te la desmocharás
como hace el jardinero ausente
el cual aparece a su antojo
aunque las hojas secas
nos sepulten vivos.

If you cut off a finger every three months
eventually
your hand will become unnecessary
and you will chop it off
just like the absent gardener
who appears whenever he feels up to it
even if the fallen dried leaves
bury us alive.

Alguna vez también bailé en quinces
mientras movía las piernas
pensaba en el americano peludo
con demasiados años
que me esperaba
en su casa de campaña
para juntos espiar a las estrellas.
Sudábamos como luchadores Sumo
The Supremes nuestra banda sonora
y para postre:
leche fría con galletas dulces.
Después de las acrobacias
regresaba al mundo concebido por otros:
a ser el sobrino
el buen estudiante
un niño amable.
La rebeldía que habitaba en mí
hacía estragos
escapaba con extraños:
el gigante rubio que daba nalgadas
un farmacéutico que inyectó *champagne*
en mis venas
y el cantante de ópera judío
que tuvo la gentileza de ofrecerme un cojín.
Alguna vez yo también bailé quinces
no fue una hazaña
terminó siendo otro castigo.

Once I also danced in "quinceañeras"
while I moved my legs
I was enthralled thinking of the hairy American
with too many years
waiting for me in his tent
so that we could spy on the stars together.
We would sweat like Sumo wrestlers.
The Supremes our soundtrack
and for dessert:
cold milk and cookies.
After the acrobatics
I would return to the world conceived by others:
The nephew
the good student
a likeable kid.
The rebelliousness within me
would wreak havoc.
I would run away with strangers:
the blond giant who would spank me
a pharmacist who injected champagne
in my veins
and the Jewish opera singer
who was kind enough to offer me a cushion.
Oh I once danced in "quinceañeras"
it was not an achievement
instead
it became another punishment.

Un amigo terminó sus días
con un revolver prestado
mientras sus viejos reían delante de la tele.
Nunca pude devolverle su *Mommy Dearest*
tampoco he podido recordar
dónde ubicaron sus restos.
La Chyna Fox duró un mes
en la habitación solitaria de un hospital.
Me lo dijo al teléfono la última vez:
"Si no vienes a verme ahora…
de aquí no salgo mi hermana".
El ladrón del candelabro de plata
se marchó también.
Ya casi no tengo recuerdos de su paso
y el candelabro lo vendí por unos pesos
a una mujer que recién
comenzaba a vivir su pesadilla americana.

A friend finished off his days
with a borrowed gun
while his folks laughed in front of the TV.
I was never able to return his *Mommy Dearest*
and I have not been able to remember
where they laid him to rest.
Chyna Fox lasted about a month
in a lonely hospital room.
He told me on the telephone the last time:
"If you don't come to see me now…
I won't make it out of here sister…"
The silver candlestick thief
also left.
I barely have any memories left of his time
and I sold the candlestick
for a few bucks
to a woman who had just begun
to live her American nightmare.

La única mujer que ha sido sentenciada a muerte

en Georgia tiene antojos.
No está embarazada
ni tan siquiera padece de una enfermedad mortal.
Eso sí...
le pueden salir orzuelos gigantescos
a los involucrados en ejecutarla
si no la complacen.
Pide una suculenta cena de comida chatarra
para aliviar sus muelas inconformes
y mantener su peso desproporcionado.
En realidad
le gustaría masticar despacio
los restos del marido que mandó a matar
mezclados con el oportunista
que ahora la denuncia
y pone a salvo su pellejo.
Nunca ha sido una mujer dichosa.
No ha sido una belleza sureña.
Su final será con bombos y platillos
como deber ser para una Georgia Peach.
La única mujer que ha sido sentenciada a muerte
en Georgia se despide
y canta entre bocados de papas fritas:

Georgia, Georgia
The whole day through (the whole day through)
Just an old sweet song
Keeps Georgia on my mind (Georgia on my mind)

The only woman who has been sentenced to death

in Georgia has a craving,
She is not pregnant
she is not even suffering from a fatal illness
however
giant sties will sprout from the eyes
of those in charge of her execution
if they don't satisfy her.
She is asking for a tasty junk food dinner
to appease her disagreeable tooth
and maintain her disproportionate weight.
Honestly
she would rather slowly chew
the remains of the husband she'd had killed
mixed with those of the opportunist who
confessed
to save his own skin.
She was never a lucky woman
nor a Southern belle
yet her last days will resonate
as a Georgia Peach' should.
The only woman who has been sentenced to
death
in Georgia says goodbye
and sings between French-fry bites:

Georgia, Georgia
The whole day through (the whole day through)
Just an old sweet song
Keeps Georgia on my mind (Georgia on my mind)

No tenemos idea del próximo paso
esperamos congelados
como el cadáver embalsamado de Evita
que viaja de ciudad en ciudad.
Nos hemos mordido el labio inferior
soportando el dolor
sin hacer ni una sola pregunta al muerto.
En el andén de esta penúltima estación
con el testimonio que guardamos
en la pequeña maleta azul
serenos
esperamos el desenlace.

We have no idea what will come next
we remain frozen
like Evita's embalmed corpse
traveling from city to city.
We have bitten our lower lip
and dealt with its pain
without asking a single question of the dead.
On the platform
of this next to last station
with the testimony we keep
in the small blue suitcase
we remain waiting for an outcome.

Cadáveres reposan sobre mi cuerpo flácido
siento sus piernas atléticas
queriendo apartar las mías.
Introducirse en mi interior
con la misma necesidad que un día sentí
de hombres
que después de aliviarse
desaparecían con la rapidez
de un globo mutilado.

Corpses lay over my limp body
I feel their athletic legs
wanting to spread mine
introduce themselves inside me
with the same need I once felt
for men
that after relieving themselves
disappeared
with the speed
of a mutilated balloon.

Tuve un novio influyente

sus canas parecían copos de nieve
y su sonrisa tan bien elaborada
aparentaba pertenecer a un presidente.
En los pasillos del colegio
me observaba de lejos
aparecía de repente
imponía su autoridad de director.
Una mañana que el valiente habitaba en mí
le dejé una carta de amor
en la ventanilla de su carro
de hombre casado
y abuelo juicioso.
Fue a buscar mis caricias
vigilante nocturno
obligando mi cara entre sus piernas ágiles
proclamando:
"Recuerda que siempre será mi palabra contra la tuya".

I once had a powerful boyfriend
his white hair looked like snowflakes
and his perfect smile
seemed to belong to a president.
In the school halls
he would observe me from afar
appear suddenly
and impose his directorial authority.
On a morning I felt courageous
I left him a love letter
tucked in the windshield of his
married man
level-headed grandfather-like car.
He came seeking my caresses
a night watchman
forcing my face between his legs
shouting:
"Remember that it will always be my word against
yours"

Cada revista que dejo caer en la basura
cada libro que forzosamente escojo guardar
en cajas que mantienen aún el olor a lechuga
cada hoja que arranco de este árbol que soy
acentuando agravios
flagelaciones que me suministro
para llegar a la conclusión
que es época de pérdidas.
Regalé la foto de un bailarín famoso
y el afiche que Robert Redford
tuvo la cortesía de enviarme
cuando todavía me consideraba
un isleño nostálgico.
Me desprendo de lo almacenado
pero no logro deshacerme
de la sombra de un poeta
que me acecha.

Every magazine I drop in the trash
every book that I force myself to keep
in boxes that still smell of lettuce.
Every leaf that I tear from this tree
that I've become
brooding over insults
whippings that I give myself
reaching the conclusion:
This is an age of loss.
I gave away the photograph of a
famous ballet dancer
and the poster Robert Redford
was so kind to send over
when I still considered myself
a nostalgic islander.
I discarded all that's been stored
but I can't seem to get rid of
a poet's shadow
that lurks within me.

No extraño las calles
ni la lluvia desmesurada
en cualquier temporada.
No recuerdo cómo llegar
hasta la guarida
que antes fue mía.
He ido olvidando rostros
nombres
antojos que tuve
aunque se empecinen
en retenerme
intentando doblegarme
a su puño vil.

I don't miss the streets
nor the excessive rain
in any season.
I can't remember how to get to
the hideout that was once mine.
I have forgotten faces
names
cravings I once had
even if they persist in
holding unto me
trying to subjugate me under
their evil fist.

Se ha perdido una vida entera
con esta decisión de huir.
Entre los restos de la basura
están los algodones
tiznados de sangre
los alfileres que aguardaban nombres
en la lengua de vaca
y la montaña de ceniza
que han ido derramando los inciensos
aliviándonos de la maldad.
Hemos dejado atrás
una lavadora remendada
que solo arranca por las manos
del guerrero.
Se han quedado cadáveres
enterrados
en la penumbra del sótano
en la cerca que divide
en el fucsia de las carolinas.
Con dificultad
aun respira el peor de todos
viajando incómodo
dentro
de mi único par de zapatos.

A whole life has been lost
with the decision to flee.
Mixed in with the rest of the trash
are the bloody cotton balls
the pins that held names
attached to the snake plant
and the mounds of ashes
that incense spilled over
relieving us from evil.
We have left behind
a patched up washer
that only the warrior's hands
can turn on.
Many corpses are buried
in the basement's darkness
at the fence that divides
and in the fuchsia color of the "Carolina" tree.
With plenty of difficulty
the worst of all still breathes
traveling uncomfortably
inside
my only pair of shoes.

Acerca del autor

Manuel Adrián López nació en Morón, Cuba (1969). Poeta y narrador. Su obra ha sido publicada en varias revistas literarias de España, Estados Unidos y Latinoamérica. Tiene publicado los libros: *Yo, el arquero aquel* (Poesía. Editorial Velámenes, 2011), *Room at the Top* (Cuentos en inglés. Eriginal Books, 2013), *Los poetas nunca pecan demasiado* (Poesía. Editorial Betania, 2013. Medalla de Oro en los Florida Book Awards 2013), *El barro se subleva* (Cuentos. Ediciones Baquiana, 2014), *Temporada para suicidios* (Cuentos. Eriginal Books, 2015), *Muestrario de un vidente* (Poesía. Proyecto Editorial La Chifurnia, 2016) y *Fragmentos de un deceso/El revés en el espejo*, libro en conjunto con el poeta ecuatoriano David Sánchez Santillán para la colección Dos Alas (El Ángel Editor, 2017). Su poesía aparece en las antologías: *La luna en verso* (Ediciones El Torno Gráfico, 2013), *Todo Parecía. Poesía cubana contemporánea de temas Gay y lésbicos* (Ediciones La Mirada, 2015), *Voces de América Latina Volumen II* (Media Isla Ediciones, 2016) y *NO RESIGNACIÓN. Poetas del mundo por la no violencia contra la mujer* (Ayuntamiento de Salamanca, 2016).

Agradecimientos/ Thanks

Ileana Álvarez, Ana Cecilia Blum, Jay Dobkin,
Ariel Gil, Lola Koundakjian, Marlene Moleón,
Ely Rosa Zamora and Emily Short

Índice / Table of Contents

www.ingramcontent.com/pod-product-compliance
Lightning Source LLC
Chambersburg PA
CBHW031630040426
42452CB00007B/764